L'auto-édition
ce n'est pas du compte d'auteur,
cher monsieur Arnaud Nourry,
PDG Hachette Livre

Mise au point nécessaire après l'aphorisme :
*L'auto-édition a toujours existé :
ça s'appelle l'édition à compte d'auteur*

Du même auteur*

Certaines œuvres sont connues sous différents titres.

Romans

La Faute à Souchon : (Le roman du show-biz et de la sagesse)
Quand les familles sans toit sont entrées dans les maisons fermées
Liberté j'ignorais tant de Toi (Libertés d'avant l'an 2000)
Viré, viré, viré, même viré du Rmi !
Ils ne sont pas intervenus (Peut-être un roman autobiographique)

Théâtre

Neuf femmes et la star
Les secrets de maître Pierre, notaire de campagne
Ça magouille aux assurances
Chanteur, écrivain : même cirque
Deux sœurs et un contrôle fiscal
Amour, sud et chansons
Pourquoi est-il venu :
Aventures d'écrivains régionaux
Avant les élections présidentielles
Scènes de campagne, scènes du Quercy
Blaise Pascal serait webmaster
Trois femmes et un Amour
J'avais 25 ans
« Révélations » sur « les apparitions d'Astaffort » Jacques Brel Francis Cabrel

Théâtre pour troupes d'enfants

La fille aux 200 doudous
Les filles en profitent
Révélations sur la disparition du père Noël
Le lion l'autruche et le renard,
Mertilou prépare l'été
Nous n'irons plus au restaurant

* extrait du catalogue, voir www.ternoise.net

Stéphane Ternoise

**L'auto-édition
ce n'est pas du compte d'auteur,
cher monsieur Arnaud Nourry,
PDG Hachette Livre**

Mise au point nécessaire après l'aphorisme :
*L'auto-édition a toujours existé :
ça s'appelle l'édition à compte d'auteur*

Sortie numérique : 18 octobre 2012

Jean-Luc PETIT Editeur - collection Essais

Stéphane Ternoise versant auto-édition :

http://www.auto-edition.com

Tout simplement et logiquement !

Tous droits de traduction, de reproduction, d'utilisation, d'interprétation et d'adaptation réservés pour tous pays, pour toutes planètes, pour tous univers.

Site officiel : http://www.ecrivain.pro

© Jean-Luc PETIT - BP 17 - 46800 Montcuq – France

L'auto-édition ce n'est pas du compte d'auteur, cher monsieur Arnaud Nourry, PDG Hachette Livre

Présentation

"*L'auto-édition a toujours existé : ça s'appelle l'édition à compte d'auteur.*"
Si cet "aphorisme" ne venait pas du PDG du premier groupe français d'édition, il aurait été possible d'en sourire.
Et il ne s'agissait nullement d'un vague propos de comptoir plus ou mois officieux mais d'une interview d'Arnaud Nourry pour LES ECHOS, par David Barroux (rédacteur en chef), Alexandre Counis (chef de service) et Anne Feitz (journaliste).
Du 8 octobre 2012.

Abel Clarté (qui popularisa le terme auto-édition en 1975) s'en retourne dans sa tombe ? (il est mort, en 1996, en croyant que plus personne ne confondait auto-édition et compte d'auteur !)

Auteur du "*manifeste de l'auto-édition*" (publié deux jours plus tôt), ma réaction passa naturellement inaperçue.
Elle fut même une exception. Ainsi de tels propos peuvent être balancés sans déclencher une vague de contestations des vigilants écrivains pourtant parfois prompts à s'indigner !

Le 26 juin 2007, ès créateur et chroniqueur de http://www.auto-edition.com, j'ai été assigné au Tribunal de Grande Instance de Paris par une société pratiquant l'édition à compte d'auteur.

L'auto-édition et le compte d'auteur ne sont pas amis ! Leur approche est tellement différente, divergente, intellectuellement inconciliable...

Monsieur Arnaud Nourry connaît suffisamment l'édition pour le savoir ? Alors, pourquoi ce résumé ? Le groupe Lagardère se sent menacé par l'auto-édition ? Nous qui ne sommes rien faisons peur ? Car comme l'écrivait Aurélie Filippetti "*voilà ce qui fait peur, parce que nous sommes le nombre, nous sommes la force, et eux ils sont la minorité qui nous exploite.*" Non, voyons, on ne peut pas adapter cette harangue des "*derniers jours de la classe ouvrière*" au si éthique monde de l'édition contemporaine ?!

Une réponse officielle (parfois ironique) agrémentée de quelques textes déjà publiés en livres ou sur internet. Et d'inédits.

Une manière d'éclairer les patrons, lectrices et lecteurs, pas seulement des *Echos,* qui peuvent avoir pris pour vérité profonde ces paroles sorties de la bouche d'un boss du groupe Lagardère.

Ils étaient trois et personne ne l'a interrompu quand il déclara "*l'auto-édition a toujours existé : ça s'appelle l'édition à compte d'auteur.*" C'est donc bien qu'il est nécessaire de publier sur ce sujet. Aurais-je eu la présence d'esprit de lui opposer "l'auto-édition a existé avant l'éditeur traditionnel genre Hachette : ça s'appelait tout simplement l'édition." J'en doute !

Stéphane Ternoise
http://www.auto-edition.info

Lesechos.fr 8 octobre 2012 : analyse de texte d'une réponse

Quand sur Twitter l'information d'une interview d'Arnaud Nourry passa, j'ai immédiatement cliqué. Oui, je ne rate jamais une de ses interviews, et j'en suis presque toujours récompensé par une belle phrase qui me permet de posséder une connaissance correcte de ce patron !

Interview encore en ligne actuellement, page :
http://m.lesechos.fr/tech-medias/arnaud-nourry-hachette-livre-nous-avons-cree-un-ecosysteme-vertueux-sur-le-marche-du-livre-0202310259853.htm

Je me limiterais naturellement au droit de citation, donc à une seule question et sa magnifique réponse, qui ne fut malheureusement pas contrariée.

- Comment évolue le métier ? L'auto-édition est-elle une menace ?

- Nous sommes là dans le fantasme le plus total. L'auto-édition a toujours existé : ça s'appelle l'édition à compte d'auteur. Le numérique permet simplement d'en réduire les coûts. Tout le monde peut publier ce qu'il veut, on a toujours vécu avec ça. Mais notre métier c'est tout le contraire, c'est précisément de dire non, de sélectionner. Cela ne veut pas dire qu'on ne laisse pas passer de temps en temps de bons manuscrits. Il y aura toujours des exemples de succès auto-édités, après avoir été refusés par des éditeurs. Mais c'est oublier les millions de textes mis en ligne qui ne servent à rien. En outre, aucun auteur sérieux n'a décidé de quitter son éditeur pour s'auto-éditer. La plupart ont besoin d'un dialogue, d'un travail sur le texte, d'une relation avec une personne physique : affirmer que le numérique va tuer l'édition relève d'une méconnaissance absolue de ce métier. D'ailleurs, la question des droits numériques ne se pose pas dans la vraie vie : tous nos auteurs ont signé des contrats portant à la fois sur les droits papier et numérique. A nous de leur proposer des conditions attractives !

Petite analyse de texte :

Naturellement il convient d'extraire la perle : « *l'auto-édition a toujours existé : ça s'appelle l'édition à compte d'auteur.* » C'est même l'objet de ce livre.

« ***Nous sommes là dans le fantasme le plus total*** » ne vous rappelle rien ?

Appréciez : « *Pourtant, je crois qu'une industrie culturelle aussi complexe que la vôtre ne pourra pas reposer sur ce nouveau modèle* [celui de l'auto-édition]. *Je ne partage pas ce point de vue et je crois qu'il est utopique.* »
Envolée d'Aurélie Filippetti, ès ministre de la Culture, le 28 juin 2012, à l'Assemblée générale du SNE (le Syndicat National de l'Edition, en fait le syndicat des éditeurs traditionnels ; si l'édition inclut les éditeurs, les éditeurs traditionnels ne sont pas l'édition même s'ils en ont parfois la prétention)

Antoine Gallimard, le même jour au cocktail : « *c'est un peu un mirage !* »
Fantasme, utopie, mirage.

Passons à « **notre métier c'est tout le contraire, c'est précisément de dire non, de sélectionner.** »
Et admirons : « *Tous les textes ne sont pas des livres et c'est précisément à l'éditeur que revient de faire le partage ; c'est lui, qui, devant la multitude des textes, doit porter la responsabilité de savoir dire non, quitte à, parfois, commettre une erreur.*
Il n'y a pas de livre sans éditeur ; l'éditeur distingue la création, puis il l'accompagne, il la promeut, il la publie ; il favorise sa circulation. ». Selon Aurélie Filippetti, toujours le 28 juin 2012.

Un document du SNE, *"Le livre numérique : idées reçues et propositions"*, diffusé au salon du livre de Paris le 17 mars 2009, façonnait l'approche en prétendant « « *Plutôt discret et en retrait derrière ses auteurs, l'éditeur a pourtant un rôle crucial : il sélectionne et « labellise » les œuvres en les intégrant dans un catalogue, un fonds, une marque reconnus par les lecteurs ; il apporte une contribution intellectuelle (« création éditoriale ») importante ; enfin il s'engage à exploiter commercialement les œuvres de manière continue (vente de livres, de droits dérivés, etc.).* »

Quant à « **Cela ne veut pas dire qu'on ne laisse pas passer de temps en temps de bons manuscrits.** » On le retrouve dans le *"c'est à l'éditeur que revient de faire le partage ; c'est lui, qui, devant la multitude des textes, doit* *porter la responsabilité de savoir dire non, quitte à, parfois, commettre une erreur*" d'Aurélie Filippetti.

Tout aussi significatif : « ***La plupart*** [des auteurs] ***ont besoin d'un dialogue, d'un travail sur le texte, d'une relation avec une personne physique.*** » Un peu plus long : « *L'éditeur a un rôle éminent dans le processus de création. C'est une question passionnante. Et sans entrer dans un débat philosophique sur le processus de création, quand on écrit, chez soi, on a besoin d'avoir le regard d'un éditeur, pour venir sanctionner, dans le bon sens du terme. C'est-à-dire, donner le jugement d'un professionnel, sur le texte que l'on est en train de rédiger. Et sans cela, même si on se publie soi-même, et que l'on peut toucher un public au travers des réseaux, on n'a pas cette reconnaissance de se sentir écrivain. L'écrivain ne naît qu'au travers du regard de l'éditeur. Et moi je l'ai ressenti en tant qu'auteur : j'aurais pu écrire le même livre que celui que j'ai rédigé, si je n'avais pas eu Jean-Marc Roberts, le résultat n'aurait pas été le même.* » D'Aurélie Filippetti, le même jour mais après discours, au cocktail, propos recueillis par Nicolas Gary pour un site Internet où mon approche ne semble pas la bienvenue… même s'il fustige parfois les installés.

Sur « ***Affirmer que le numérique va tuer l'édition relève d'une méconnaissance absolue de ce métier.*** » Retour au document 2009 du SNE. Posant l'affirmation « *On pourra se passer d'éditeur à l'ère du numérique* », le SNE répondait « *cette idée reçue provient d'une méconnaissance du métier et de la valeur ajoutée de l'éditeur.* » 2009 - 2012, une certaine continuité !

Pour sourire de « *Mais c'est oublier les millions de textes mis en ligne qui ne servent à rien* », la réalité étant maquillées derrière un nuage de fumée, il semble approprié de lire « Le pilon, ce que nous en savons. » Un livre de Thomas de Terneuve, sous-titré : « *des millions de livres détruits sur ordre des éditeurs.* »
L'économie du livre papier génère un immense gâchis : environ cent millions d'exemplaires finissent chaque année au pilon, sur ordre des éditeurs, au grand désappointement des écrivains.
Dans les économies liées au passage à l'édition numérique, *bizarrement*, les éditeurs préfèrent ne pas aborder le dossier pilon. Certes, parler des invendus, ça ne se fait pas !
Pilonner : terme traditionnel pour signifier la destruction d'un livre invendu.

Monsieur Nourry a donc le regard sélectif sur ce qui ne doit pas s'oublier...

Un arrêt sur « *En outre, aucun auteur sérieux n'a décidé de quitter son éditeur pour s'auto-éditer.* »
Le SNE avait même un contre-exemple « *Stephen King a tenté l'expérience de vendre directement ses livres en ligne. Devant l'échec complet de sa tentative, il est revenu vers son éditeur...* »
En France, Marc-Édouard Nabe revendique ce statut d'auteur quittant ses éditeurs pour s'auto-éditer. Quant à moi, je m'auto-édite par convictions depuis 20 ans... donc je n'ai quitté aucun éditeur ! Fidèle à mes idéaux de jeunesse ! (*Liberté, j'ignorais tant de Toi*, fut mon premier roman)

Abordons « ***D'ailleurs, la question des droits numériques ne se pose pas dans la vraie vie : tous nos auteurs ont signé des contrats portant à la fois sur les droits papier et numérique. A nous de leur proposer des conditions attractives !*** »

Aurélie F. peut prétendre avoir été entendue : « *je crains que vous n'entriez dans l'ère du soupçon pour n'avoir pas été assez audacieux sur le niveau des rémunérations servies aux auteurs en matière de droit numérique. Les taux sont trop faibles, à l'évidence, et avivent le désir des auteurs de négocier séparément l'exploitation papier et numérique ; vous savez, comme moi, qui se tient en embuscade.* » (son grand discours 2012)

« *Conditions attractives* », ils semblent posséder une bonne marge... si l'on en croit David Assouline, au Sénat, le 29 mars 2011, qui analysait : « *Avec le livre numérique, l'éditeur touchera sept fois plus que l'auteur !* » (il s'agit d'un sénateur socialiste et non d'un élu anarchiste !)

La note d'analyse gouvernementale 270, mars 2012, « *Les acteurs de la chaîne du livre à l'ère du numérique - Les auteurs et les éditeurs* » notait : « *Simultanément diffuseur, distributeur, éditeur et propriétaire d'une solution technologique qui domine très largement le marché des liseuses, Amazon bénéficie d'une force de frappe commerciale redoutable, grâce à laquelle sa branche édition pourrait bien offrir aux auteurs des conditions de rémunération nettement plus attrayantes que les éditeurs traditionnels.* »

Donc, les auteurs signent pour l'édition papier et numérique, sans exception ?! Quel beau pays que la France !

Le Bief, Bureau international de l'édition française, organisme chargé de promouvoir l'édition nationale à l'étranger, a présenté le 7 mars 2011 une étude intitulée « *Les achats et ventes de droits de livres numériques : panorama de pratiques internationales.* » Il semblait conseiller nos éditeurs : « *la politique du tout ou rien que pratiquent plusieurs maisons anglo-saxonnes, consistant à refuser d'acquérir les droits papier si les droits numériques ne sont pas inclus, semble être efficace par son caractère dissuasif.* »

Face au "tout ou rien" d'un éditeur, comment doit réagir l'écrivain ? C'est donc sûrement la vraie information de ce paragraphe : si « *tous nos auteurs ont signé des contrats portant à la fois sur les droits papier et numérique* »*,* Hachette pratique la politique du tout ou rien !... Sinon, il y aurait bien deux exceptions ! Monsieur Nourry ne manquera sûrement pas de réagir à ma conclusion contribution au débat ! A moins que ses conditions soient tellement favorables qu'elles ne puissent être refusées ?... ce qui n'est pas certain... En lisant son commentaire sur l'activité 2011 : « *Un des défis principaux de l'année consistait à sauvegarder les marges dégagées par les activités numériques pour que la rentabilité globale de Hachette Livre ne souffre pas de la contraction du chiffre d'affaires induit par les prix de vente des e-books (inférieurs de 30 % en moyenne à celui de leurs équivalents imprimés), alors que ceux-ci mordaient largement sur le marché des livres traditionnels.*

Le "découplage" entre le chiffre d'affaires et les marges en numérique a été effectué avec succès. »

Avec un prix inférieur de 30% pour l'ebook par rapport à la version en papier, Hachette conserve des marges appréciées des actionnaires. Les auteurs apprécient ? Ont le choix ?

Encore une petite déclaration pour éclairer le sujet : quand Hachette Livre et Google ont signé un protocole d'accord pour la numérisation, par Google, d'oeuvres indisponibles du catalogue Hachette, Vianney de la Boulaye, directeur juridique de Hachette Livre, fut interrogé par Amélie Blocman pour LÉGIPRESSE n° 278 - décembre 2010.
Une question cruciale fut posée :
- *La numérisation et la commercialisation des ouvrages ne pourront concerner que ceux dont Hachette détient les droits numériques. Êtes-vous à ce jour titulaire de ces droits ?*
Réponse :
- *Le contrôle des droits par Hachette de ses auteurs est primordial. Bien sûr se pose la question de la titularité des droits numériques par Hachette, qui est une condition pour pouvoir rentrer dans le cadre du protocole d'accord. Hachette va devoir revenir vers certains auteurs ponctuellement et réfléchit actuellement à comment "régulariser" au mieux. De même, dans certains contrats antérieurs à la loi de 1957, il n'y a pas de cession de droit. La gestion collective obligatoire est un recours imparable, mais elle ne sera pas mise en place avant 2012-2013... Cependant, la gestion collective volontaire des droits d'auteur peut être envisageable, c'est d'ailleurs une hypothèse étudiée.*

Où l'on voit que les droits numériques sont au coeur du travail d'Hachette, un enjeu majeur. Sur ce point, on ne peut que constater la véracité de leur raisonnement. Mais les auteurs ont-ils toujours mesuré la portée de leur signature ? Certes, entre un refus d'éditeur et une signature papier-numérique, quel auteur peut se permettre de claquer la porte Hachette ?

En résumé : Nourry - Filippetti : le groupe Lagardère et le gouvernement parlent d'une même voix, presque une pensée unique ! Etonnant ? Rassurant pour la France ? Pour la compagne du Président normal Hollande, journaliste à Paris-Match, du Groupe Lagardère ? Inquiétant pour les écrivains. Comment être entendu quand on a l'impression que dans les discours la ministre de la Culture et le patron du premier groupe d'édition sont interchangeables ?

Quant aux trois mousquetaires de la recherche du temps perdu, enfin de la vérité, les trois journaliste des *ECHOS*, David Barroux (rédacteur en chef), Alexandre Counis (chef de service) et Anne Feitz (journaliste), ils pourraient ressentir la désagréable sensation de n'avoir été qu'un plan de communication d'un grand patron... Trois pour cela ! Mais naturellement, tout journaliste sait que son support peut être racheté par Lagardère ?...

Qui me reprochera d'avoir écrit et publié un livre rapidement ?
Sûrement pas monsieur Nourry !

"*Nous pouvons publier un livre quelques jours après avoir reçu le manuscrit. Nous pouvons faire écrire un livre en quelques semaines par une équipe de rédacteurs, voire en quelques jours. Et nous ne nous en privons pas.*"

Arnaud Nourry, le 26 avril 2011, à la soirée de gala annuelle du *PEN Club american center*, New York.

L'auto-édition a "toujours" existé : ça s'appelait tout simplement l'édition, avant que des éditeurs s'approprient le terme

Edition : publication d'un ouvrage manuscrit avant la découverte de l'imprimerie.
Emile Littré, *dictionnaire de la langue française.*
Oui, donc l'auto-édition a existé avant l'éditeur traditionnel genre Hachette : ça s'appelait tout simplement l'édition.
A la naissance de l'édition il n'y avait pas d'éditeur mais des écrivains qui reproduisaient (faisaient reproduire) leurs oeuvres. Sénèque s'auto-édita.

Emile Littré, dans le même ouvrage :
Editeur : Celui qui publie l'ouvrage d'un autre. M. B. Jullien, éditeur des Paradoxes de Lamotte. / Particulièrement, libraire qui publie un livre à son compte ; et; adjectivement, libraire-éditeur. M. Hachette est l'éditeur de ce dictionnaire.

Avant le triomphe du modèle éditeur-distributeur, le libraire-éditeur tirait les ficelle du grand jeu de l'édition.
Monsieur Arnaud Nourry a sûrement lu ce Dictionnaire de la langue française, dont la première édition fut effectivement publiée par Hachette entre 1863 et 1872.

Autre précision. *Editeur : Tout homme qui publie un livre à son compte. Il est à lui-même son éditeur, c'est-à-dire il publie à ses frais ses ouvrages.*

Ce cher Emile Littré aurait pu inventer le terme auto-édition. Si j'emploie le terme auto-édition, auto-éditeur ne figure pas dans mon langage : je suis éditeur.

Abel Clarté s'en retourne dans sa tombe ?

Abel Clarté ? Le créateur de l'*Association des Auteurs Autoédités*, qui semble s'être marginalisée au point de ne plus apparaître sur Internet mais ne pas avoir été dissoute, sa dernière actualité officielle consistant en une modification du siège social le 28 mars 2003 (JO du 10 mai 2003). Elle revendiqua jusqu'à 500 membres.

« C'est sous le coup d'une colère que j'ai, dès 1974, lancé un Appel dont l'écho fut une avalanche. Tout provient du prétexte invoqué dans la lettre par laquelle Simone Gallimard refusa mes Souvenirs. "Je m'en souviendrai de cette planète (1904-1939)" parut peu après à l'édition du Vivarais, obtenant un Prix du Conseil Général. Mais désormais la bombe était lancée : l'Association est prospère et les Auteurs Autoédités n'ont plus aucune honte à proclamer ce que tant d'autres occultent. Beaucoup parmi nous ont des contrats normaux pour ce qui, dans leur œuvre, entre dans les collections de vrais éditeurs, mais éditent eux-mêmes les textes pour lesquels ils ont une particulière prédilection ou une impatience. Après tout c'est par délégation des auteurs que les éditeurs éditent. Ni Vauban pour sa Dîme royale, ni Restif de la Bretonne pour son œuvre où beaucoup d'écrivains ultérieurs ont plus ou moins puisé, ni Gustave Eiffel - pour n'en citer que trois - n'ont eu recours aux "Gastons" de Paris. »

Dans une brochure sur le dixième anniversaire de l'Association.

Abel Clarté est mort le 25 mai 1996. Il était né le 1er avril 1904 en Ardèche, à Privas.

L'Association des Auteurs Autoédités, créée en 1975, déconseillait "naturellement" le compte d'auteur et fournissait les informations nécessaires aux néophytes pour s'auto-éditer.

Abel Clarté avait publié son premier livre en 1932 : « *ouvrage édité aux frais de l'auteur* », PSYCHE, suivi par ECLATS en 1935 et LES DERNIERS JOURS DE NANCEY en 1936...
En 1945, son roman RACE était publié « aux frais de l'éditeur (à compte d'éditeur) » par "*Ed. Bière*" mais il lui faudrait attendre 1965 pour "retrouver un éditeur", en l'occurrence *La Table Ronde* pour *Le Vrai Drame De L'école De France.*
Je m'en souviendrai de cette planète..., qui obtint en 1982 un prix du conseil général de l'Ardèche, fut publié « aux frais partagés Auteur Editeur. »

Dans la même brochure il était noté : « *Abel CLARTE, a créé l'expression AUTEURS-AUTOEDITES. Il a banalisé le mot AUTOEDITION à partir de 1974. Il l'a probablement inauguré aussi.* »

Dans l'organe trimestriel de l'association des auteurs autoédités, en octobre 1991, il écrivait : « *Au début de notre action, l'avons nous assez entendue, l'antienne* "Ah ! Oui... vous groupez les adeptes du compte d'auteur". *Notre différence est maintenant connue. Notre* hostilité *de principe au compte d'auteur commence à l'être.*»

Depuis bien des années, je souhaite que l'état légifère afin que le terme éditeur ne puisse plus être employé par une société réclamant de l'argent aux auteurs. Monsieur

Nourry pourrait soutenir cette revendication ? Non ? Je pense qu'Abel Clarté partageait ce souci, oui, d'une certaine clarté dans les termes. J'ai écrit un texte de chanson sur le sujet, "*du pain et des bouquins*", car en France qui prétend au nom "boulangerie" s'engage à pétrir avec déontologie mais l'éditeur peut demander de l'argent. Quant à mon aîné, il poursuivait sa chronique par « *Faut-il l'écrire en gros caractères ?* Même si *le compte d'auteur était moins cher que l'autoédition - nous resterions hostiles à cette sorte d'escroquerie intellectuelle. (...) Le jour où nous serions vraiment entendus il n'y aurait plus sur le marché des livres, que* deux sortes de "produits" *:*
- L'ouvrage financé, lancé et diffusé par un éditeur vrai *(celui qui ne demande pas un sou à l'auteur mais lui offre un contrat)*
- L'ouvrage autoédité. Pour ce dernier nous souhaitons que les Diffuseurs *s'entrainent enfin à les accueillir.* »

Octobre 1992 : « *La qualité - aujourd'hui reconnue - de ceux qui avant nous ont fait ce que nous faisons, l'atteste :* il n'y a rien de honteux à s'éditer soi-même. *Aucune loi n'oblige à interposer un éditeur entre l'auteur et l'imprimeur.* "Faire semblant" *d'avoir été* "choisi" *est uniquement une* vanité. *Si un* "éditeur" *n'a pas de* réseau de vente *il usurpe le titre dont il se pare. Il incarne exactement* "l'intermédiaire inutile"... *Tout le reste est... mercantilisme ou combinazione.* »
Et certains me considèrent très virulent ! Pour avoir par exemple écrit "ne payez jamais un éditeur." Ce qui me semble pourtant du simple bon sens. Il est dommage que monsieur Arnaud Nourry en arrive à assimiler l'autoédition au compte d'auteur. Serait-il sans autre argument ?

Il commence à sentir des réticences chez les auteurs à signer pour obtenir seulement 10% du prix de vente quand l'auto-édition dépasse les 50% ?

Abel Clarté doit s'en retourner dans sa tombe ! A moins qu'il fut incinéré. Ou alors, c'est encore une histoire inventée par un écrivain, ces De Gaulle, Mitterrand ou Zola se retournant dans leur tombe à cause de Sarkozy, Hollande ou la SGDL ?

Jean Durand (qui fut le vice-président d'Abel Clarté à l'association) a également publié dans le *Dauphiné Libéré* du 4 décembre 1990, un résumé que devrait lire monsieur Nourry : « *Si vous avez un manuscrit à faire publier, vous n'avez que deux solutions ; soit trouver un véritable éditeur qui prendra tout en charge, vous assurera vos droits d'auteur avec même versement d'un acompte dès la sortie du livre, soit faire de l'auto-édition, c'est-à-dire imprimer le livre à vos frais et en assurer vous-même la diffusion ou la confier à un distributeur sérieux. La solution intermédiaire du "à compte d'auteur" est à déconseiller formellement en attendant, espérons-le, qu'une loi établisse la différence entre l'éditeur spécialiste du "à compte d'auteur" et l'éditeur vrai.* »

Mes explications manquent de visibilité depuis 20 ans !

Si le PDG du plus important (en chiffre d'affaires) groupe français d'édition ignore la définition, l'essence de l'auto-édition, c'est bien que depuis 20 ans mes explications manquent de visibilité ?... Dans le si parfait monde de l'édition française d'avant la révolution numérique, comment est-ce possible ? Ou alors, certains ne souhaitent pas que les écrivains sachent ce qu'est l'auto-édition ?

"Ne payez jamais un éditeur" est ma position depuis 1991 : l'auto-édition dit NON à tout compte d'auteur.

En l'an 2000, au lancement du portail http://www.auto-edition.com, j'écrivais *"l'auto-édition est l'avenir de l'édition"*. Mais le contrôle de la distribution du livre papier, par des structures fermées aux indépendants, donc leur quasi absence des points de vente, condamnait encore cette "alternative" à la marginalité. L'histoire de l'auto-édition était néanmoins en marche.

Aurélie Filippetti approuverait ?

(fragment du Manifeste de l'auto-édition)
« *On est en train de préparer quelque chose, autre chose. Ce pays bouge, enfin. Ce que tu as vu, c'est la révolution qui commence !* »
Fragments D'humanité (vent de mai)
Aurélie Filippetti

Si j'ai bien suivi (*les derniers jours de la classe ouvrière* reprend ce thème avec par exemple : "*voilà ce qui fait peur, parce que nous sommes le nombre, nous sommes la force, et eux ils sont la minorité qui nous exploite*") il s'agit de la vie de ses parents... quant à la nouvelle ministre, elle semble de l'autre côté, chez les installés.

« *Les éditeurs sont des acteurs indispensables de cette politique* [sa feuille de route politique au ministère de la culture] *(...) Tous les textes ne sont pas des livres et c'est précisément à l'éditeur que revient de faire le partage ; c'est lui, qui, devant la multitude des textes, doit porter la responsabilité de savoir dire non, quitte à, parfois, commettre une erreur...*
Il n'y a pas de livre sans éditeur ; l'éditeur distingue la création, puis il l'accompagne, il la promeut, il la publie ; il favorise sa circulation. »
Aurélie Filippetti, 28 juin 2012, Assemblée générale du SNE, le Syndicat national de l'édition.

« *Tous les textes ne sont pas des livres. C'est l'éditeur qui fait la littérature* », la même, quelques minutes plus tard, interrogée lors du cocktail par le chroniqueur Nicolas Gary.

Du pain et des bouquins

Qui prétend au nom BOULANGERIE
S'engage à pétrir avec déontologie
C'est pas sûr qu'le pain s'ra bon
Mais au moins on connaît sa composition

Dans le même temps un arnaqueur
Peut sans violer les lois s'installer éditeur
Et facturer leur bouquin
Aux auteurs alléchés par son baratin

Du pain et des bouquins
Mais c'est au pays des héroïnes
Qu'on vous roule dans la farine
Vous balance dans le pétrin
Je bouquine ils combinent
Tu bouquines ils embobinent

Parler d'assainir la profession
Suscite indignation chez notables-éditions
Il faut croire que ces pratiques
Profitent à bien des supports médiatiques

Internet c'est plus d'informations
Mais aussi de la confusion à profusion
Les voleurs ont les moyens
De se présenter comme des types très très biens

Du pain et des bouquins
Mais c'est au pays des héroïnes
Qu'on vous roule dans la farine

Vous balance dans le pétrin
Je bouquine ils combinent
Tu bouquines ils embobinent

Les margoulins sont du pain bénit
Pour les éditeurs spécialistes droits-mini
Ça calme bien des ardeurs
D'entendre « c'est ça ou l'arnaque du compte d'auteur »

Il existe bien une troisième voie
Celle où l'auteur est son propre éditeur par choix
Travailleur indépendant
Ça plaît pas aux subventionnés tout puissants

Du pain et des bouquins
Mais c'est au pays des héroïnes
Qu'on vous roule dans la farine
Vous balance dans le pétrin
Je bouquine ils combinent
Tu bouquines ils embobinent

Les différentes formes d'édition

Certains semblent penser avoir inventé l'auto-édition en 2012 (ou 2011), qu'ils écrivent d'ailleurs parfois autoédition pour se distinguer de notre approche (mais non, ils n'ont jamais entendu parler d'Abel Clarté, lui également sans tiret) ou l'appellent autopublication !

Par http://www.auto-edition.com (depuis 2002 ; résumé)

1) Un éditeur "classique"

Etre édité à compte d'éditeur.
Signer un contrat d'édition avec un éditeur qui en contrepartie versera des droits d'auteur. LA VOIE DITE ROYALE...
L'auteur cède ses droits à l'éditeur (y compris les droits dérivés, adaptations...) en contrepartie d'un pourcentage sur les ventes, les "droits d'auteur".
Pourcentage sur chaque livre vendu. Avec parfois le versement d'un "à-valoir" (une avance sur les ventes, non remboursable) Le taux des droits d'auteur ? de 2 à 10 %... Rarement plus.
Voie royale mais une centaine d'auteurs seulement en France touchent des revenus annuels supérieurs au smic !

Combien d'auteurs ne touchent jamais de droits d'auteurs ? Parce qu'il y a « parfois » des problèmes (il n'y a déjà pas toujours d'à-valoir... et parfois les paiements de droits se font uniquement après un minimum de livres vendus) ...

"Droits d'auteurs" : un éditeur verse des DROITS

D'AUTEUR (et leur fiscalité de DROITS D'AUTEUR), le compte d'auteur verse une PARTICIPATION aux bénéfices (et l'obligation pour l'auteur d'avoir un statut lui permettant de déclarer la réception de telles sommes...)

2) L'auto-édition

Faire soi-même. Etre son propre éditeur.

En nom propre, TRAVAILLEUR INDEPENDANT, en bénéficiant de "la brèche juridique" ou utilisant une association, ce qui n'est plus vraiment de l'auto-édition mais de l'édition associative !
Si un statut vous interdit d'être en plus TRAVAILLEUR INDEPENDANT... que faire ?
Créer une association, avec des proches comme membres, et éditez via cette association... c'est le plus rapide... ce ne sera pas juridiquement 100% auto-édition.
Vous pouvez désormais utiliser le statut d'auto-entrepreneur, ouvert aux professions libérales donc à l'auteur-éditeur (certains prétendent le contraire mais ne m'ont jamais montré de refus !)

3) Le compte d'auteur

Notre cadre législatif, le Code de la propriété intellectuelle, signale l'existence des pratiques "compte à demi" et "compte d'auteur" EN SPECIFIANT : ces CONTRATS « ne constitue[nt] pas un contrat d'édition, au sens de l'article L. 132-1 ».

Ce compte d'auteur : une société vous fait payer la publication... et « parfois » le maximum de services annexes... Les anglo-saxons ont une belle expression « vanity press », édition de vanité.

Ce qui est le plus souvent facturé : correction du manuscrit (le résultat est parfois risible), composition, impression, formalités de déclaration légale, distribution, promotion, gestion des commandes, facturation, livraison des exemplaires...

Un éditeur digne de ce nom doit prendre des risques sur un auteur, donc une société qui réclame de l'argent pour éditer un texte, qu'elle glorifie qui plus est, ne doit jamais être considérée par un auteur comme un éditeur digne de le publier.

L'auteur publié à compte d'auteur, ne reçoit jamais de "droits d'auteur".
L'auteur paie pour être publié et recevra (au mieux) des "bénéfices"... à déclarer comme tels au fisc...
Quand un auteur déclare des bénéfices non commerciaux il doit avoir le statut de travailleur indépendant... comme en auto-édition !...

Attention : les sociétés qui vivent du compte d'auteur misent sur la méconnaissance des apprentis auteurs (les publicités sont d'ailleurs le plus souvent ciblées, ainsi Editions Bénévent « *publient de nouveaux auteurs* »... les écrivains ayant déjà publié sont, normalement, à même de ne pas répondre à ce genre d'appel !).

Pourquoi les sociétés du COMPTE D'AUTEUR ne proclament pas sur leur site NOUS PUBLIONS EN COMPTE D'AUTEUR ?... Le compte d'auteur a fort heureusement très mauvaise réputation...

Pourquoi considérer de la même manière l'ensemble des sociétés du compte d'auteur ? Mon principe, au moins, est clair : NE PAYEZ JAMAIS UN EDITEUR.

D'autres font des distinctions entre le pire et le moins pire. Je me tiens au regard de l'écrivain : s'il signe avec un éditeur c'est que l'éditeur lui apportera quelque chose de concret, ne lui réclamera pas un centime, lui versera des droits (si son livre se vend et même parfois un à-valoir... tout à-valoir, même symbolique, est déjà un signe que votre éditeur s'engage, croit en vous...)

Vos réactions page http://www.auto-edition.com/ch2.htm

Contrat d'édition et compte d'auteur : ce que dit la loi

Le code de la propriété intellectuelle encadre dans de nombreux articles le contrat d'édition et les relations des auteurs et éditeurs. Il s'agit ici, simplement, d'attirer l'attention sur ce qu'est le compte d'auteur, défini par rapport au contrat d'édition. Autoédition, auto-édition, autopublication ne figurent pas dans le code de la propriété : il s'agit d'une activité, en profession libérale.

Article L132-1
Créé par Loi 92-597 1992-07-01 annexe Journal Officiel du 3 juillet 1992

Le contrat d'édition est le contrat par lequel l'auteur d'une oeuvre de l'esprit ou ses ayants droit cèdent à des conditions déterminées à une personne appelée éditeur le droit de fabriquer ou de faire fabriquer en nombre des exemplaires de l'oeuvre, à charge pour elle d'en assurer la publication et la diffusion.

Article L132-2
Créé par Loi 92-597 1992-07-01 annexe Journal Officiel du 3 juillet 1992

Ne constitue pas un contrat d'édition, au sens de l'article L. 132-1, le contrat dit à compte d'auteur.

Par un tel contrat, l'auteur ou ses ayants droit versent à l'éditeur une rémunération convenue, à charge par ce dernier de fabriquer en nombre, dans la forme et suivant les modes d'expression déterminés au contrat, des exemplaires de l'oeuvre et d'en assurer la publication et la diffusion.

Ce contrat constitue un louage d'ouvrage régi par la convention, les usages et les dispositions des articles 1787 et suivants du code civil.

(Article 1787 du code civil
Créé par Loi 1804-03-07 promulguée le 17 mars 1804
Lorsqu'on charge quelqu'un de faire un ouvrage, on peut convenir qu'il fournira seulement son travail ou son industrie, ou bien qu'il fournira aussi la matière.

Article 1788 toujours en vigueur
Créé par Loi 1804-03-07 promulguée le 17 mars 1804
Si, dans le cas où l'ouvrier fournit la matière, la chose vient à périr, de quelque manière que ce soit, avant d'être livrée, la perte en est pour l'ouvrier, à moins que le maître ne fût en demeure de recevoir la chose.

Article 1789 toujours en vigueur
Créé par Loi 1804-03-07 promulguée le 17 mars 1804
Dans le cas où l'ouvrier fournit seulement son travail ou son industrie, si la chose vient à périr, l'ouvrier n'est tenu que de sa faute.

Article 1790 toujours en vigueur
Créé par Loi 1804-03-07 promulguée le 17 mars 1804
Si, dans le cas de l'article précédent la chose vient à périr, quoique sans aucune faute de la part de l'ouvrier, avant que l'ouvrage ait été reçu et sans que le maître fût en demeure de le vérifier, l'ouvrier n'a point de salaire à réclamer, à moins que la chose n'ait péri par le vice de la matière.

Article 1791 toujours en vigueur
Créé par Loi 1804-03-07 promulguée le 17 mars 1804
S'il s'agit d'un ouvrage à plusieurs pièces ou à la mesure, la vérification peut s'en faire par parties : elle est censée faite pour toutes les parties payées, si le maître paye l'ouvrier en proportion de l'ouvrage fait.

Article 1792
Créé par Loi 1804-03-07 promulguée le 17 mars 1804
Modifié par Loi n°67-3 du 3 janvier 1967 - art. 4 JORF 4 janvier 1967 en vigueur le 1er juillet 1967
Modifié par Loi n°78-12 du 4 janvier 1978 - art. 1 JORF 5 janvier 1978 en vigueur le 1er janvier 1979
Tout constructeur d'un ouvrage est responsable de plein droit, envers le maître ou l'acquéreur de l'ouvrage, des dommages, même résultant d'un vice du sol, qui compromettent la solidité de l'ouvrage ou qui, l'affectant dans l'un de ses éléments constitutifs ou l'un de ses éléments d'équipement, le rendent impropre à sa destination.
Une telle responsabilité n'a point lieu si le constructeur prouve que les dommages proviennent d'une cause étrangère.

et suivants...

l'Article 1710 également créé par Loi 1804-03-07 promulguée le 17 mars 1804 définit le louage d'ouvrage :
Le louage d'ouvrage est un contrat par lequel l'une des parties s'engage à faire quelque chose pour l'autre, moyennant un prix convenu entre elles.)

Article L132-3
Créé par Loi 92-597 1992-07-01 annexe Journal Officiel du 3 juillet 1992

Ne constitue pas un contrat d'édition, au sens de l'article L. 132-1, le contrat dit de compte à demi.
Par un tel contrat, l'auteur ou ses ayants droit chargent un éditeur de fabriquer, à ses frais et en nombre, des exemplaires de l'oeuvre, dans la forme et suivant les modes d'expression déterminés au contrat, et d'en assurer la publication et la diffusion, moyennant l'engagement réciproquement contracté de partager les bénéfices et les pertes d'exploitation, dans la proportion prévue.

Ce contrat constitue une société en participation. Il est régi, sous réserve des dispositions prévues aux articles 1871 et suivants du code civil, par la convention et les usages.

L'article L132-2 démontre bien l'erreur de monsieur Nourry : dans le compte d'auteur, l'auteur verse à un éditeur une rémunération convenue pour fabriquer, publier et diffuser une oeuvre. Dans l'auto-édition, l'auteur ne verse à aucun éditeur une rémunération.

Aucune leçon de qualité à recevoir des éditeurs classiques

(extrait du *Manifeste de l'auto-édition*)

Je pourrais prendre un auteur auto-édité et l'agiter devant vous, tel un pantin de la médiocrité dont l'orgueil lui masque même les sourires des rares qui daignent acheter sa production. L'auto-édition générera une abondante state de déchets.
Oui, l'auteur-éditeur doit respecter son lectorat, en présentant une œuvre la plus aboutie possible. Oui, il y joue sa crédibilité. Nous sommes plus souvent attaqués que les éditeurs classiques pour des coquilles ! Des fautes dans un livre publié chez eux, c'est lamentable, quelqu'un n'a pas réalisé correctement son travail mais pour l'auteur-éditeur c'est pire : il est mauvais. On pardonne moins aux indépendants qu'aux grosses structures où la responsabilité semble diluée au point de s'évanouir en reposant sur de multiples têtes invisibles. Ce serait même parfois la faute de l'imprimeur !

Mais ce n'est pas parce qu'on pourrait remplir un camion de niaiseries publiées en auto-édition, qu'il faudrait se boucher le nez, fermer les yeux, devant tout texte ainsi publié.
Sinon, si le critère du camion devait s'appliquer pour discréditer une profession, l'édition classique en remplit chaque jour, des camions d'invendus, en direction des broyeurs, du recyclage papier. Un cinquième environ de la production nationale envoyé au pilon, et ce serait mépriser la littérature que de prétendre le vendu toujours de grande qualité !

Faut-il réellement remplir ces pages de noms pour démontrer jusqu'à quel niveau de médiocrité l'édition classique est descendue, le plus souvent en pensant néanmoins lancer des opérations rentables car la notoriété du "signataire" devait permettre d'abondantes ventes ? La dérive est suffisamment ancienne pour que chacun manque de doigts (mains et pieds) pour y égrainer la liste d'auteurs accueillis dans le grand cirque de l'édition française malgré des textes à jeter.

En 2012, aucun complexe d'*infériorité* ne doit retenir l'auteur auto-édité : qu'il clame son indépendance et surtout l'explique. Expliquer la démarche reste indispensable dans une société dominée par les idées-reçues véhiculées depuis des décennies par les installés.

Autres belles déclarations d'Arnaud Nourry

Le 4 septembre 2011, Arnaud Nourry, invité de Soft Power (une émission de Frédéric Martel) balançait : « *Je voudrais juste ajouter une petite pique : le numérique c'est formidable mais je suis sûr que dans dix ans, tous les livres que vous avez achetés au format numérique, vous ne pourrez plus les lire. Ça s'est passé dans la vidéo, ça s'est passé dans tous les formats de techno. Achetez des livres.* »
Quelques jours avant l'arrivée du Kindle en France, rien de mieux pour casser l'enthousiasme. Pourtant Amazon a réussi : l'ebook se vend. Certes encore nettement moins que le livre en papier mais on peut parler de "premier boom."
Cette petite phrase semble pourtant être restée, elle a naturellement germé dans les terreaux propices, où l'on cherche de bonnes raisons pour "sauver" le livre en papier. Déjà la comparaison porte à discussion : "*Ça s'est passé dans la vidéo, ça s'est passé dans tous les formats de techno.*" Il pense aux vieilles cassettes VHS ? Qu'il suffit de convertir en numérique pour enregistrer sur DVD...

A lire : *Les livres numériques achetés aujourd'hui, vous ne pourrez plus les lire dans dix ans ?* de Thomas de Terneuve

Au sujet du prix des ebooks

Lors du lancement par Sony du *Reader*, le patron de Hachette Livre était très généreux : il avait décidé d'« *offrir un rabais de 10% sur les livres numériques par rapport aux livres imprimés.* » (*Le Point*, 24 octobre 2008 où il ajoutait « *Aux États-Unis, le consensus des éditeurs se situe à - 20 %. Chez nous, c'est - 10 %...* »)

Dans le *bibliobs* du nouvelobs.com, le 27 mai 2010, le même, interrogé à l'occasion de l'arrivée de l'iPad d'Apple en France, « *Aux Etats-Unis, les versions numériques sont vendues 14,99 dollars - ou 12,99 dollars pour les best-sellers - contre de 17 à 30 dollars pour les versions imprimées.*
Soit une réduction de 25% sur les best-sellers, et de quasiment 50% sur les autres titres.
C'est un avantage important mais justifié, puisque les coûts de fabrication sont inférieurs et que la lecture électronique n'est pas naturelle : à prix égal, la plupart des gens préfèrent le papier.
Il faut donc consentir un avantage au lecteur pour déclencher l'achat.
En France, il faut que nous visions pour le numérique des tarifs de 20% à 25% inférieurs aux tarifs des livres traditionnels. »

10%, 20 à 25%... mais avec, quand même, en tête les 50% américains... Et la lucidité sur « *les coûts de fabrication inférieurs.* »
Viser 20 à 25% de remise en sachant pertinemment indispensable de s'adapter pour être rentable à 50%.

La part de marché du livre numérique...

Au moment du rachat de *Numilog*, dans *le Figaro* du 6 mai 2008 : « *Le téléchargement de livres ne représente pas encore grand-chose. D'ici à cinq ans, il pourrait peser entre 1 % et 5 % du marché de l'édition grand public. (...) Dans notre métier de l'édition grand public - littérature générale, scolaire, illustré, pratique, jeunesse... -, le livre n'est pas sous la menace d'un transfert numérique massif. Depuis dix ans, les lecteurs n'ont pas montré un appétit débordant pour consommer le livre en format numérique. Ils n'ont pas non plus adopté en masse le cédérom. On continue à apprendre à lire dans des manuels scolaires imprimés. Il faudra au moins deux générations avant de connaître un réel basculement !* »

Quelques mois plus tard, lors de la sortie du Reader de Sony, Arnaud Nourry pourtant partenaire de l'opération, confirmait dans *Le Point*, du 24 octobre 2008 :
« *Aujourd'hui, 0,5 % de notre chiffre d'affaires américain provient de ce secteur émergent. Nous pensons que dans 5 ans, le numérique représentera 5 % de notre activité.* »

Dans le bibliobs du *nouvelobs.com* du 27 mai 2010 :
« *Je pense donc que le numérique ne prendra pas plus de 15% du marché de l'édition dans les cinq ans qui viennent.
Et comme ces 15% se répartiront entre de nombreux distributeurs, ils ne représenteront pas une part inquiétante de notre chiffre d'affaires.* »

Au premier trimestre, Hachette Etats-Unis avait réalisé 8% de son chiffre d'affaires avec des ouvrages numériques - essentiellement en littérature générale.

Un an plus tard, le communiqué de presse du 3 mai 2011, sur les performances du Premier trimestre 2011, ne rappellerait pas ces chiffres ni prévisions : malgré une baisse du chiffre d'affaires à fin mars (de 9,8 % en données brutes et de 10,4 % en données comparables, en raison essentiellement des fortes ventes de la saga de Stephenie Meyer début 2010)... « *Le dynamisme des ventes de livres numériques est notable : + 88 % par rapport au 1er trimestre 2010, représentant de l'ordre de 22 % du chiffre d'affaires aux États-Unis et 5 % au Royaume-Uni. Ce phénomène est la conséquence du niveau très élevé des ventes de liseuses numériques en fin d'année.* »

Hé oui, quand les liseuses se vendent, les ebooks suivent !

Dans les perspectives de ce document : « *Le livre numérique continuera à progresser aux États-Unis, bien qu'à un rythme moins soutenu qu'au premier trimestre, pour atteindre 15 % à 20 % du chiffre d'affaires. Il pourrait atteindre 5 % à 10 % au Royaume-Uni en 2011.* »

Les résultats du premier semestre étaient donc attendus !
« *Forte progression du livre numérique dans les pays anglo-saxons : aux États-Unis et au Royaume-Uni, le livre numérique représente respectivement 20 % et 8 % du chiffre d'affaires "Ouvrages à destination du grand public" au 1er semestre 2011, soit un doublement en un an.* »

La edistribution

La société Numilog fut créée en avril 2000 par Denis Zwirn : une librairie en ligne mais surtout un prestataire de services B to B : fabrication et diffusion de livres numériques.
En 2008, Hachette Livre a compris l'utilité de cette compétence. Il est parvenu à un accord avec Denis Zwirn, resté à son poste.
Je n'ai trouvé aucune déclaration sur les conséquences pour son approche de ce métier, de la « logique de groupe » dans laquelle il est forcément entré.

Dans *Le Figaro* du 6 mai, Arnaud Nourry commente : « *Il s'agit de préparer l'avenir. Le projet de rachat de 100 % du capital de Numilog ne constitue pas une grosse opération financière. Elle ne se monte qu'à quelques millions d'euros. Mais cette acquisition marque une étape majeure dans notre stratégie numérique. Avec Numilog, notre groupe va se doter d'une infrastructure permettant de distribuer des livres édités par le groupe, ainsi que par des éditeurs extérieurs, en formats numériques en permettant à chacun de conserver le contrôle de ses contenus. La société a vocation à offrir ses services à tous les éditeurs du marché à l'image du système de distribution des livres sous forme papier existant de longue date au sein de Hachette Livre.* »

Question intéressante du Figaro. Oui c'est possible !
- *Quel est l'intérêt pour Numilog et son fondateur, Denis Zwirn, de s'adosser à Hachette Livre ?*
Arnaud Nourry : - « *Numilog est le premier agrégateur de livres numériques francophones et la principale plate-*

forme de distribution en France, avec une offre de 43 000 titres dans tous les formats, dont une majorité d'édition professionnelle. Le livre numérique compte deux autres concurrents dans l'Hexagone, Mobipocket, filiale d'Amazon, et Cyberlibris. Le marché a été plus lent à se développer que ne l'imaginaient les fondateurs de Numilog en mars 2000. Le téléchargement de livres ne représente pas encore grand-chose. »
Nous pouvons donc concevoir que monsieur Denis Zwirn fut contraint de vendre faute de liquidités ? Peut-être croyait-il aux chiffres de nouveau balancés par monsieur Nourry « *D'ici à cinq ans, il pourrait peser entre 1 % et 5 % du marché de l'édition grand public.* »
Je me demande même si ces déclarations guère optimistes ne visaient pas à acquérir « facilement » Numilog. J'ai vraiment l'esprit mal tourné ?

Hachette aurait pu « *se doter d'une infrastructure* » en la créant. Il n'était pas trop tard et la question utile aurait été « pourquoi avoir racheté Numilog plutôt que de créer cette compétence en interne ? » Acheter Numilog, c'était acheter LE distributeur numérique français, supprimer un concurrent. Le grand objectif semble bien avoir été d'en faire l'unique plateforme d'edistribution afin de contrôler le marché et gagner « un peu » sur tout ebook français. Ah si « tous les éditeurs » avaient en eux quelque chose de Lagardère ! Et c'est donc cette perspective qui fut même appuyée en 2009 par le gouvernement Fillon... (si l'on en croit monsieur Gallimard)

Mais le 16 avril 2012, communiqué de presse : Hachette Livre cède Numilog à Denis Zwirn.

« *Face à l'évolution du marché du livre numérique en*

France et pour lui permettre de prendre une place éminente au coeur des outils interprofessionnels, Hachette Livre a décidé de rétrocéder Numilog à Denis Zwirn, son fondateur et Directeur Général.

Numilog, qui demeure un partenaire privilégié de Hachette Livre sur le marché du livre numérique, va désormais pouvoir offrir ses services (distribution de fichiers numériques, vente directe ou indirecte de livres numériques, création et administration des sites de libraires et GSS en marque blanche) à tous les acteurs de la chaîne du livre. »

Il semble qu'avec les gros vendeurs, Amazon et Itunes, Hachette Livre passe en distribution directe et qu'elle confie à Numilog la edistribution vers les points de ventes "mineures."

Arnaud Nourry eut droit à sa petite phrase dans le communiqué :
« *Je souhaite que Numilog puisse apporter tout son savoir faire et sa technologie aux projets interprofessionnels importants qui voient le jour, au premier rang desquels la numérisation et la mise à disposition des oeuvres indisponibles du XX° siècle.* »

Quant à Denis Zwirn :
« *L'expérience au sein du groupe Hachette Livre fut très enrichissante pour Numilog. Pionnier du livre numérique en France, nous tournons aujourd'hui une nouvelle page de notre histoire. Cette autonomie offre à Numilog de nouvelles perspectives de croissance en lui permettant d'offrir ses services à toujours plus d'acteurs de la chaine du livre, éditeurs ou libraires.* »

Déclaration plus véhémente que le document anglo-saxon

Hachette est un groupe mondial qui connaît nettement mieux le livre numérique que ses confrères franco-français pour y être très impliqué, avec même de très grands succès, aux Etats-Unis.

Le 6 décembre 2011, Jeremy Greenfield, sur le site digitalbookworld.com (http://www.digitalbookworld.com/2011/leaked-hachette-explains-why-publishers-are-relevant/) mettait en ligne un document "interne" (également destiné à certains auteurs) que l'on peut qualifier d'anti-auto-édition, une manière de rappeler aux auteurs (et donc de fournir un kit de réponses pour les salariés en relation avec ces fournisseurs de la matière première) que leur éditeur peut leur rapporter encore nettement plus que l'aventure indépendante.

"Self-publishing" is a misnomer.
« L'auto-édition » est un terme impropre.

« Publishing requires a complex series of engagements, both behind the scenes and public facing. Digital distribution (which is what most people mean when they say self-publishing) is just one of the components of bringing a book to market and helping the public take notice of it. »

L'édition nécessite une série complexe d'engagements, à la fois dans les coulisses et face aux attentes du public. La distribution numérique (qui est ce que la plupart des gens entendent quand ils parlent d'autoédition) est juste l'une des composantes pour mettre un livre sur le marché et aider le public à en prendre connaissance.

« As a full service publisher, Hachette Book Group offers a wide array of services to authors : »

En tant qu'éditeur, Hachette Book Group offre une vaste gamme de services aux auteurs :

Et ce sera quatre points développés.

1. Trouver et développer les talents.

« We identify authors and books that are going to stand out in the marketplace. HBG discovers new voices, and separates the remarkable from the rest. »

Nous identifions les auteurs et les livres qui vont se démarquer dans le marché. HBG découvre de nouvelles voix, et sépare le remarquable du reste.

[« *Séparer le remarquable du reste* » : une autre tournure pour une pensée chère à miss AF. Mais qui qualifierait de remarquable chaque publication Hachette ?]

2. Financement du processus d'écriture de l'auteur.

3. Spécialiste de la distribution et des ventes : nous assurons un auditoire le plus large possible.

4. Une marque d'édition et protection de la propriété intellectuelle.
[Il sera sûrement bientôt nécessaire aux éditeurs français de disposer de ce genre de kit de réponses aux auteurs perplexes]

Monsieur Arnaud Nourry, reconnaissez votre erreur !

Monsieur Arnaud Nourry, ayant la prétention de croire que vous suivez mes écrits (oh certes pas mes romans, sinon après la lecture de *"peut-être un roman autobiographique"* vous auriez reconnu l'existence d'écrivains indépendants par choix), reconnaissez votre erreur !

Reconnaissez que l'auto-édition a toute sa place dans l'édition. Et que c'est à vous de trouver de véritables arguments pour conserver vos auteurs. Comme la facilité d'édition que vous leur offrez. Ou, je ne sais pas moi, mais aucun auteur indépendant ne figurant parmi les lauréats des grands prix littéraires (sauf à enfin y incorporer http://www.salondulivre.net) c'est peut-être que les grandes maisons d'édition y ont des amis dans les jurys ? Enfin, bref, glorifiez vos maisons sans passer par ce genre de sorties sur l'auto-édition. Nous ne sommes que de modestes travailleurs qui souhaitent vivre de leur plume, sans devoir fréquenter des éditeurs. Merci monsieur Arnaud Nourry.

Monsieur Arnaud Nourry, n'avait (naturellement) pas répondu quand je lui avais écrit...

Hachette Livre
Monsieur Arnaud Nourry,
Président Directeur Général
43, Quai de Grenelle
75905 Paris Cedex 15

Montcuq, le 11 septembre 2011

Monsieur le Président Directeur Général,

En 2009, vous vous adressiez aux éditeurs dans *Le Monde* : "*Habitués à tort à se méfier d'Hachette, mes confrères sauront-ils percevoir le danger que les bouleversements en cours font peser sur toute la profession ? Ma porte leur est grande ouverte.*"
Auteur éditeur indépendant, professionnel, j'ai donc frappé à la porte de Numilog, votre e-distributeur.
Le 12 avril 2011, madame G. H., Responsable commerciale, m'a fait une proposition pour une distribution par NUMILOG : 50 % du CA HT pour l'éditeur et AUCUN DROIT D'ENTREE pour l'éditeur (*Nous ne prenons pas de frais d'entrée, notre rémunération se fait avec un pourcentage sur les ventes selon la répartition suivante : 50 % du CA HT pour l'éditeur, 20 % pour Numilog distributeur, 30% pour le revendeur+diffusion.*)

Quand j'ai demandé le contrat, il n'est pas arrivé et le 2 août 2011, monsieur P. M., Ingénieur Commercial, m'a signalé que madame "*G. H. ne travaille plus chez Numilog.* " Et envoyé mon mail à madame V. D. de jepublie.com
Cette dernière m'a alors proposé une "*prestation en auto-édition.*" Un tarif exorbitant, quoi, une prestation que tout individu normalement informé devrait refuser !

Ainsi, madame H. m'a fait une proposition commerciale en avril 2011, et VISIBLEMENT la politique de Numilog a changé à cette période, avec la décision d'envoyer les auteurs éditeurs indépendants vers jepublie.com (étant un auteur de référence de l'auto-édition, je ne peux naturellement pas adhérer à un site de "prestation en auto-édition" mais considère que votre LIBRAIRIE NUMILOG est un lieu de vente intéressant pour un auteur éditeur indépendant professionnel.)

Je trouve surprenant d'ainsi dévaluer la crédibilité de la LIBRAIRIE E-DISTRIBUTEUR NUMILOG avec ces "prestations en auto-édition" de jepublie.com.

Qui plus est les grandes librairies indépendantes françaises (*Dialogue* de Brest, *Gibert Jeune* de Paris, *Mollat* de Bordeaux...), belges et québécoises, qui ont signé des accords avec Numilog dans le cadre de la gestion de leurs offres de livres numériques, ne manqueront sûrement pas de contester votre décision d'exclure ainsi certains auteurs. Naturellement, gérant un site Internet sur la ville de Bordeaux, je vais désormais déconseiller la librairie Mollat où ne sont pas distribués ma trentaine d'ebooks alors qu'ils le sont sur Itunes, Amazon (pour l'instant US), Alapage...

Votre décision d'essayer de facturer l'accès aux sites de ventes d'ebooks à certains éditeurs (pour être référencé par numilog, payez jepublie.com !) me rappelle voila.fr qui pensa concurrencer GOOGLE en exigeant un paiement pour le référencement.

Un dossier fondamental du livre numérique en France est justement l'égalité des éditeurs à l'accès aux points de ventes.

En exerçant les professions d'éditeurs et d'e-distributeurs, vous vous placez en situation de pouvoir privilégier les éditeurs de votre groupe, vous avez donc un devoir moral envers l'ensemble de l'édition française.

Tout abus de cette position dominante peut être ressenti comme une volonté de vous accaparer le marché du livre numérique. Naturellement, nous savons bien que vous êtes très attaché à la diversité de l'édition française, comme vous avez toujours soutenu la petite librairie de quartier.

Il vous est naturellement encore possible de faire marche arrière mais j'aimerais connaître vos motivations précises. Car naturellement, "un peu porte-parole des indépendants", je vais suivre attentivement la politique des e-distributeurs.

Veuillez agréer, Monsieur le Président Directeur Général, l'expression de ma haute considération.

Envoyé par courrier postal suivi.

La page csuivi.courrier.laposte.fr m'a confirmé l'arrivée à destination.
Courrier n° 1D00798353043 (Distingo Suivi) :

Distribué par PARIS (75015) le 14/09/2011.
Le courrier a été déposé dans la boîte à lettres du destinataire.

Historique :
le 14/09/2011 : Arrivé au bureau distributeur de PARIS (75015)
le 13/09/2011 : Déposé à CAHORS CTC

Envoyé en document PDF par mail le dimanche 11 septembre 2011 17:16.
À : ...@hachette-livre.fr (adresse mail du webmaster, figurant sur le site hachette.com)
Objet : A l'attention de monsieur Arnaud Nourry PDG

Bonjour,

Merci de bien vouloir transmettre à Monsieur Arnaud Nourry, Président Directeur Général, la lettre en pièce jointe.

Amitiés,

Jean-Luc Petit
BP 17
46800 Montcuq

Destinataire :

Hachette Livre
Monsieur Arnaud Nourry,
Président Directeur Général
43, Quai de Grenelle
75905 Paris Cedex 15

J'avais utilisé les fonctions : *Ce message a une priorité haute.*
Et *demande de confirmation de lecture* (aucune confirmation de lecture ne fut reçue)

Et si c'était enfin l'occasion d'un vrai dialogue ? Je sais : ce serait m'accorder trop d'importance ! Il est même possible que ce livre soit complètement invisible dans le bel univers de l'édition française... D'abord sortis uniquement en numérique, la version papier offre une nouvelle chance à ces mots...

Auteur

À 25 ans, Stéphane Ternoise a quitté le confortable statut de cadre en informatique (qui plus est dans le douillet secteur des assurances), pour se confronter à son époque, essayer de vivre de sa plume en toute indépendance. Il redoutait de finir pantin d'un grand groupe où même les maisons historiques peuvent se retrouver avec Jean-Marie Messier ou Arnaud Lagardère comme grand patron.
Stéphane Ternoise est auteur-éditeur depuis 1991, devenu spécialiste de l'auto-édition professionnelle en France. Il créa « logiquement » http://www.auto-edition.com en l'an 2000, une activité alors quasi absente du web !
Son éclairage sur l'univers de l'édition française a rapidement suscité quelques difficultés, dont une assignation au Tribunal de Grande Instance de Paris, en juin 2007, par une société pratiquant le compte d'auteur, finalement déboutée en septembre 2009.

Dans un relatif anonymat, avant la Révolution Numérique, l'auteur lotois a néanmoins réussi à publier 14 livres en papier, à continuer en vivant de peu. Depuis 2005, ses livres étaient également en vente, marginale, en version numérique. Il s'agissait d'abord de simples PDF.
L'auteur-éditeur a consacré l'année 2011 à la réalisation de son catalogue numérique, publiant ainsi ses pièces de théâtre, sketchs et textes de chansons en plus des romans, essais et recueils adaptés aux formats epub et Mobipocket Kindle...

La multiplication des questions et l'information approximative balancée sur de nombreux blogs par de néo-spécialistes de l'auto-édition autopublication, l'ont décidé à écrire sur cette révolution de l'ebook. Le guide l'auto-édition numérique est ainsi devenu son web best-seller !

Depuis octobre 2013, et son « identifiant fiscal aux États-Unis », son catalogue papier tend à rattraper celui en pixels.
Il convient donc de nouveau d'aborder l'auteur sous le biais de l'œuvre. Ainsi, pour vous y retrouver, http://www.ecrivain.pro essaye de fournir une vue globale. Et chaque domaine bénéficie de sites au nom approprié :

http://www.romancier.org
http://www.parolier.org

http://www.essayiste.net

http://www.dramaturge.fr
http://www.lotois.fr

Vous pouvez légitimement vous demander pourquoi un auteur avec un tel catalogue ne bénéficie d'aucune visibilité dans les médias traditionnels. L'écriture est une chose, se faire des amis utiles une autre !

Table

- 7 Présentation
- 9 Lesechos.fr 8 octobre 2012 : analyse de texte d'une réponse
- 18 Qui me reprochera d'avoir écrit et publié un livre rapidement ? Sûrement pas monsieur Nourry !
- 19 L'auto-édition a "toujours" existé : ça s'appelait tout simplement l'édition, avant que des éditeurs s'approprient le terme
- 20 Abel Clarté s'en retourne dans sa tombe ?
- 24 Mes explications manquent de visibilité depuis 20 ans !
- 25 Aurélie Filippetti approuverait ?
- 26 Du pain et des bouquins
- 28 Les différentes formes d'édition
- 32 Contrat d'édition et compte d'auteur : ce que dit la loi
- 36 Aucune leçon de qualité à recevoir des éditeurs classiques
- 38 Autres belles déclarations d'Arnaud Nourry
- 45 Déclaration plus véhémente que le document anglo-saxon
- 47 Monsieur Arnaud Nourry, reconnaissez votre erreur !
- 48 Monsieur Arnaud Nourry, n'avait (naturellement) pas répondu quand je lui avais écrit...
- 53 Stéphane Ternoise
- 55 table
- 56 La couverture
- 58 Mentions légales

La couverture

« Ecrivain garanti sans compte d'auteur » inscrit dans un Kindle.
Le message me semble correspondre au contenu analysé !
Quant à l'image principale, il s'agit d'un arbre, dans la continuité du livre d'artiste « *Quercy : l'harmonie du hasard...* » (http://www.artlowcost.fr)

Mentions légales

Tous droits de traduction, de reproduction, d'utilisation, d'interprétation et d'adaptation réservés pour tous pays, pour toutes planètes, pour tous univers.

Site officiel : http://www.ecrivain.pro

Dépôt légal à la publication au format ebook du 18 octobre 2012.

Imprimé par CreateSpace, An Amazon.com Company pour le compte de l'auteur-éditeur indépendant.
livrepapier.com

ISBN-13: 978-1505221190
ISBN-10: 1505221196

L'auto-édition ce n'est pas du compte d'auteur, cher monsieur Arnaud Nourry, PDG Hachette Livre - Mise au point nécessaire après l'aphorisme : L'auto-édition a toujours existé : ça s'appelle l'édition à compte d'auteur de Stéphane Ternoise
© Jean-Luc PETIT - BP 17 - 46800 Montcuq

www.ingramcontent.com/pod-product-compliance
Lightning Source LLC
Chambersburg PA
CBHW051820170526
45167CB00005B/2096